INTRODUCCIÓN

El libro que tienes en tus manos es el primer manual que recoge juegos de magia en los que se utilizan exclusivamente alimentos con la finalidad de sorprender a la gente. Al hacer la selección del material que te explico en este libro he tenido en cuenta que los efectos fueran inéditos y no estuvieran recogidos antes en otras obras; algunos son creaciones mías, y otros, versiones adaptadas a la actualidad. Muchos de los juegos expuestos podrán sorprender al público neófito, pero también a personas iniciadas en el mundo de la magia.

Cada juego está estructurado así: introducción al juego para ponerte en situación, efecto mágico (lo que ve la gente), materiales necesarios para llevar a cabo cada truco, la realización del mismo y, finalmente, algunas recomendaciones para que la puesta en escena sea convincente y efectiva.

Antes de entrar en materia, debes tener en cuenta algunas normas básicas que te serán muy útiles para presentar tu magia:

1. Ensaya el juego previamente, aunque que no tenga demasiada dificultad.

2. No expliques qué harás: si lo haces, la gente estará pendiente de todas tus acciones y el elemento sorpresa desaparecerá.

3. No repitas el juego a la misma persona: en caso de que quiera verlo de nuevo, es mejor hacerle otro juego de magia diferente y así lo dejarás mas alucinado.

4. Guarda el secreto: la finalidad es crear una ilusión para que la gente se sorprenda.

Estos consejos te servirán para dar los primeros pasos en el arte de lo imposible, sorprendiendo y haciendo feliz a la gente que te rodea.

MAG GERARD
ENERO 2017

LA DESAPARICIÓN DEL PLÁTANO

El plátano es uno de los alimentos que son divertidos por naturaleza. En los dibujos animados, cuando hay una piel de plátano en el suelo y uno de los personajes lo pisa, patina y se cae aparatosamente, siempre nos hace gracia. También es divertido ver como un mono se come un plátano, pero lo más divertido es ver un juego de magia tan espectacular como el que aprenderéis a continuación.

EFECTO MÁGICO

Después de repartir varios plátanos entre el público, el mago coloca uno en el interior de una bolsa de papel y, en un segundo, «¡plas!», desaparece de forma rápida, mágica e increíble.

¿QUÉ NECESITAMOS?

- Un racimo de plátanos
- Un cuchillo
- Una bolsa de papel

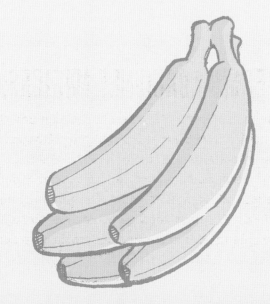

EL RECREO

1

MAGIA CON ALIMENTOS

Mag Gerard
Dibujos: Raquel Gu

ediciones
Lectio

ÍNDICE

¿CÓMO LO HACEMOS?

1 Coge el manojo de plátanos y escoge uno de la parte superior.

2 Con un cuchillo y con cuidado de no hacerte daño, harás un corte de arriba abajo al plátano.

3 Saca el plátano de dentro de la piel, pero teniendo cuidado de que después la piel quede intacta y con la misma forma cerrada, como en su interior aún estuviera el plátano.

4 Vas rompiendo unos cuantos plátanos normales del racimo y los regalas al público. Finalmente rompes el plátano preparado —el que has vaciado antes— y lo colocas dentro de una bolsa de papel. Dices tus palabras mágicas y arrugas la bolsa haciendo una bola. El público creerá que el plátano que había dentro ha desaparecido.

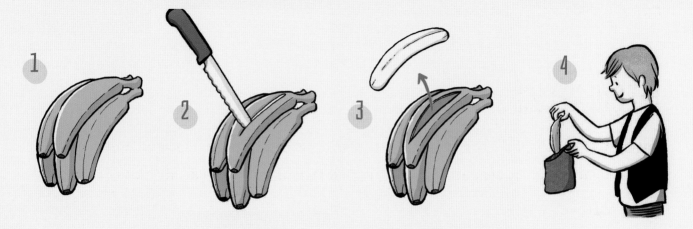

RECOMENDACIONES MÁGICAS:

Este juego es muy efectivo para hacerlo en una comida familiar o de amigos en el momento del postre. El hecho de repartir unos cuantos plátanos hace que la gente piense que el que cogerás tú también es un plátano normal como el que tienen ellos. Si no tienes una bolsa de papel, puedes coger una hoja de periódico, hacer un cucurucho y poner el plátano en su interior para que desaparezca. Y recuerda que el plátano es un alimento muy nutritivo para todas las edades, que contiene las vitaminas B, C y E, minerales y es rico en hidratos de carbono. Puedes tomar un buen zumo de naranja y plátano, que te dará la energía necesaria para seguir aprendiendo nuevos juegos de magia.

LA ESCRITURA MISTERIOSA

En este misterioso experimento mágico aprenderás una técnica poderosa que podría ser utilizada por un agente secreto para pasar información a otro espía sin que el resto se entere, pero nosotros utilizaremos este ardid para sorprender a nuestros amigos.

EFECTO MÁGICO

Una persona escoge una carta al azar de una baraja de póquer de 52 cartas; el mago no acertará qué carta es, eso lo hará un plátano que está encima de la mesa desde el comienzo.

¿QUÉ NECESITAMOS?

- Un plátano
- Un palillo
- Una baraja de cartas

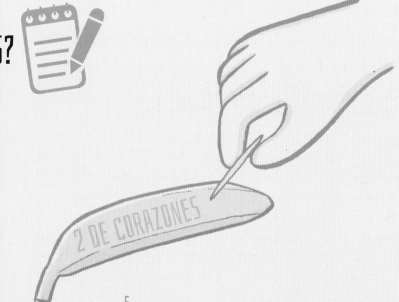

2 DE CORAZONES

¿CÓMO LO HACEMOS?

1 Con un palillo, escribe el nombre de una carta en un lado del plátano; en el dibujo hemos escogido el 2 de corazones.

2 Deja reposar el plátano durante unas horas y verás que la escritura se ha oxidado y ahora es de color negro y, por lo tanto, tiene el mismo color que las partes negras del plátano.

3 Coloca el 2 de corazones como carta superior de la baraja, estando esta de dorso.

4 Un espectador coge un grupo de cartas de la parte superior y las deja a la derecha de la baraja.

5 Marca este punto como te indica el dibujo y el espectador coge la carta del medio (la superior del paquete A), que será tu 2 de corazones. Solo hace falta que des la vuelta al plátano que tienes encima de la mesa para demostrar que esta fruta de Canarias ha acertado la carta.

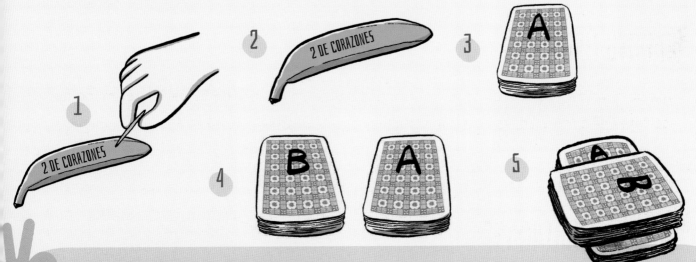

RECOMENDACIONES MÁGICAS:

Con este método que te he explicado puedes saber qué carta «escogerá» una persona, por lo tanto siempre irás un paso por delante. En el dibujo 5, cuando las dos mitades de la baraja están perpendiculares, tienes que esperar unos segundos antes de que cojan la carta, para que no perciban claramente que esta proviene de la parte superior de la baraja. Puedes llamar la atención sobre el rico plátano que hay encima de la mesa y, después, que cojan la carta.

Con esta técnica de escribir en el plátano, puedes poner las palabras: «Felicidades», «Feliz Navidad», «Te quiero»..., y no hacer un juego de magia, pero sí provocar una sonrisa a las personas que te rodean.

ARROZ INGRÁVIDO

El físico y matemático Isaac Newton descubrió la ley de gravitación universal al ver caer una manzana de un árbol al suelo. Esta ley nos dice que, entre dos cuerpos con masa, hay una fuerza de atracción. A continuación verás un juego que dejaría boquiabierto, desconcertado y con la cara de pasta de boniato... ¡al mismísimo Isaac Newton!

EFECTO MÁGICO

Con un pequeño palo, que clavaremos hasta la mitad de una botella de plástico llena de arroz, al levantarlo, la botella quedará adherida al palo, desafiando la física y la lógica.

¿QUÉ NECESITAMOS?

- Un embudo de plástico
- 2 botellas de plástico, una de les dos con una etiqueta donde pone MAGIC
- Un paquete de arroz
- 2 palitos (palos chinos largos para comer)

¿CÓMO LO HACEMOS?

1 Llena con el embudo la primera botella con arroz, que quede llena hasta arriba.

2 Con ayuda del embudo, llena hasta arriba la segunda botella —la que trae la etiqueta MA-GIC— con arroz, pero esta vez el arroz tiene que quedar muy apretujado, lo que significa que esta segunda botella contendrá más arroz que la otra y al sacudirla no hará tanto ruido.

3 La botella normal es para el espectador y la que pone MAGIC es para ti. Los dos a la vez cla-varéis el palo hasta la mitad de vuestra botella, aproximadamente.

4 Puesto que el arroz de tu botella está muy apretujado, cuando claves el palo en ella quedará «atrapado» y, como indica el dibujo, podrás levantarlo y la botella quedará adherida a él.

RECOMENDACIONES MÁGICAS:

En la presentación de este juego tienes que dar importancia a la etiqueta, que hace que una botella sea mágica y la otra no. Otra posibilidad es tener encima de la mesa cuatro o cinco botellas llenas de arroz junto a la que tenemos preparada para nosotros. Ninguna de las botellas trae etiqueta y, sin darle importancia, coges la botella que has preparado con el arroz apretado y enganchas la etiqueta MAGIC. A continuación, repartes las otras botellas entre el público junto con varios palos y hacéis to-dos el experimento mágico al mismo tiempo. ¡Seguro que será muy divertido!

¿QUÉ ZUMO TENGO EN LA MANO?

El mentalismo es una especialidad dentro del mundo de la magia que nos permite mover objetos sin tocarlos, doblar cucharas en las manos de un espectador y adivinar lo que piensa una persona. Evidentemente, los mentalistas no tienen poderes, usan técnicas de magia para crear toda una serie de ilusiones. A partir de ahora podrás demostrar tus habilidades mentalísticas con este enigmático juego de manos.

EFECTO MÁGICO

Con los ojos vendados por un pañuelo serás capaz de adivinar qué zumo te han puesto en la mano a pesar de que esté cubierto por una servilleta.

¿QUÉ NECESITAMOS?

- Pañuelo para taparnos los ojos
- 3 vasos de cristal
- 3 servilletas
- 3 zumos de fruta
- Cinta adhesiva

¿CÓMO LO HACEMOS?

1 Pon los tres vasos boca abajo encima de la mesa, pon un cuadradito de cinta adhesiva en la base del segundo vaso y dos cuadraditos en la del tercer vaso.

2 Les das la vuelta a los vasos y los llenas como te indica el dibujo: el primero con zumo de naranja, el segundo con zumo de limón y el tercero con un zumo verde.

3 Una persona cubre cada vaso con una servilleta de tela con el fin de que, cuando te den un vaso, no puedas ver ni oler su contenido.

4 Con los ojos vendados y de espaldas a los vasos, una persona te entrega un vaso de zumo con la servilleta por encima, haces como si te concentraras y aprovechas para tocar el fondo del vaso disimuladamente para saber si tiene algún trocito de cinta adhesiva o no y así acertar el zumo de frutas que tienes en la mano.

RECOMENDACIONES MÁGICAS:

Como has visto, este es un juego sencillo, pero si lo presentas en un tono misterioso dejarás a todo el mundo sorprendido. Con el tacto rápidamente comprobarás si el vaso tiene cinta adhesiva o no en la parte inferior. Si tiene, sabes que puede ser que haya un cuadradito o dos, según el zumo. Una presentación muy efectiva y teatral es enseñar primero los tres zumos para que todo el mundo los vea, taparlos con las servilletas y, cuando te entreguen el zumo y sepas cuál es, le dices a una persona que lo deje encima de la mesa y, todavía con los ojos vendados, escribes el nombre del zumo en una libreta. Ya solo tienes que sacarte el pañuelo de los ojos y destapar de forma dramática el zumo para comprobar tu acierto.

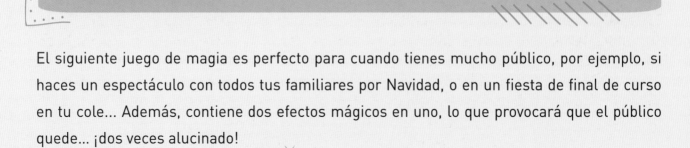

I LOVE FRESA

El siguiente juego de magia es perfecto para cuando tienes mucho público, por ejemplo, si haces un espectáculo con todos tus familiares por Navidad, o en un fiesta de final de curso en tu cole... Además, contiene dos efectos mágicos en uno, lo que provocará que el público quede... ¡dos veces alucinado!

EFECTO MÁGICO

Gracias a tus poderes mágicos convertirás el agua en el zumo de fruta escogido por una persona y, además, tu camiseta revelará cuál es la fruta preferida de otra persona.

¿QUÉ NECESITAMOS?

- Una copa de cristal
- Colorante alimentario en polvo de color limón
- Una jarra de agua
- 2 gorros de béisbol
- Un taco de notas para escribir y un bolígrafo
- Una camiseta que ponga «*I love* fresa»

¿CÓMO LO HACEMOS?

1 Pon un poco de colorante de limón en polvo en el fondo de la copa de cristal.

2 Cuando hagas este juego, ponte la camiseta «*I love* fresa» con una camisa encima, abrochada. Sobre la mesa tendrás dos gorras de béisbol. Pide al público que diga zumos de fruta, simula escribir cada zumo que te digan, pero en realidad escribe siempre «limón», y vas haciendo bolas de papel y las tiras en la primera gorra. Después pides que te digan frutas y verduras y siempre escribes «fresa» en el taco de notas. Depositas cada papel, hecho una bola, en la segunda gorra de béisbol.

3 Una persona coge una bola de papel de la primera gorra (recuerda que en todas pone «limón»), abre el papel para ver qué pone, tira el agua de la jarra en la copa y esta cambiará a limón, que es el zumo escogido.

4 Otra persona coge una bola de la segunda gorra de béisbol, mira qué pone, sin decirte nada, y a continuación te quitas la camisa diciendo que tienes calor: todos verán que pone «*I love* fresa», que coincide con la fruta que está escrita en el papel y la persona puede leerlo en voz alta.

RECOMENDACIONES MÁGICAS:

En este juego tienes que actuar como si cada vez que te dicen un zumo, o una fruta, escribieras lo que te dicen, pero en realidad la primera gorra de béisbol contendrá una docena de bolas de papel donde pone «limón» y, la segunda gorra, una docena de bolas de papel donde pone «fresa».

La camiseta «*I love* fresa», la puedes encargar en un establecimiento que haga camisetas personalizadas y te harán el diseño que más te guste.

LA TAZA INVISIBLE

Todos hemos imaginado alguna vez qué cosas haríamos si fuéramos invisibles: algunos gastarían bromas a sus familiares, otros aprovecharían para entrar en una pastelería y comer todos los dulces que les gustaran... Ahora es el momento de hacer invisible una taza llena de líquido: este es un buen juego de magia para hacer a la hora de la merienda.

EFECTO MÁGICO

Una bolsa de papel se gira varias veces para comprobar que está vacía. En su interior se pone una «taza invisible» y... «¡alehop!», de dentro de la bolsa aparece una taza visible y de verdad, llena de líquido.

¿QUÉ NECESITAMOS?

- Bolsa de papel
- Tijeras
- Rotulador
- Una taza llena de líquido

¿CÓMO LO HACEMOS?

1 Coge una bolsa de papel que sea algo más grande que la taza y haz un agujero en un lado de la bolsa. En el otro lado de la bolsa dibuja una flecha.

2 Pon la taza dentro de la bolsa y, por el agujero que has hecho, saldrá el asa de la taza. Coge la taza con los dedos largo y anular como se ve en el dibujo.

3 El agujero de la bolsa queda en la parte de detrás y, cuando enseñas la bolsa al público con las dos manos, se ve la flecha en sentido hacia arriba.

4 Con las dos manos gira hacia abajo la bolsa, sin mover la taza, y la bolsa tendrá la flecha mirando hacia el suelo.

5 Solo necesitas hacer la mímica de poner una taza invisible en el interior de la bolsa, dices las palabras mágicas «Sim Sala Bim» y, de dentro de la bolsa, sacas la taza llena de líquido.

RECOMENDACIONES MÁGICAS:

Este juego es ideal, como te he comentado, para hacerlo a la hora de merendar. Imagina que encima de la mesa hay un plato con galletas, enseñas la bolsa girándola boca abajo para comprobar que no hay nada en su interior, haces la acción de poner una taza invisible y... «¡chas!», ¡sale una taza llena de leche! El líquido que hay en el interior de la taza no tiene que llegar hasta arriba de todo, algo más de la mitad será suficiente para que no caiga ninguna gota al girar la bolsa. Un último consejo es que tengas cuidado de que no haya ninguna persona detrás tuyo o a tus lados, porque podría ver el agujero de la parte de detrás de la bolsa y el asa que aguantas con los dedos.

EL BATIDO MÁGICO DE CHOCOLATE

El chocolate es el alimento de origen mexicano basado en el cacao más conocido y difundido en el mundo por su particular sabor, textura y coloración. El cacao o el chocolate negro tiene muchos beneficios para la salud, debido a que contiene antioxidantes y previene la hipertensión. Como en todo, no hay que abusar para no tener dolor de barriga después de comerse un gran pastel de chocolate. Con este truco, serás la envidia de todos porque podrás hacer aparecer un batido de chocolate de la nada.

EFECTO MÁGICO

Dos vasos de papel que se enseñan vacíos se juntan como si fueran una coctelera y de su interior aparece un delicioso batido de chocolate.

¿QUÉ NECESITAMOS?

- 3 vasos de cartón
- Tijeras
- Un batido de chocolate

¿CÓMO LO HACEMOS?

1 Recorta la parte inferior de uno de los tres vasos y pon batido de chocolate; la llamaremos «cazuela de chocolate».

2 Los otros dos vasos están boca abajo. En uno de ellos pones la cazuela de chocolate, como te indica el dibujo.

3 Pon el vaso normal encima del que está preparado y ya estás a punto para presentar el juego.

4 Coge el vaso A y dale la vuelta para que te quede la boca del vaso hacia arriba. A continuación coge el vaso B (con la cazuela dentro) y, sin girarlo, lo pones encima del vaso A com si fuera una coctelera. Haces un poco de presión en el vaso de arriba y la cazuela caerá abajo.

5 Saca el vaso de arriba y vuelca en este todo el batido de chocolate del otro vaso, como te indica el dibujo.

RECOMENDACIONES MÁGICAS:

Como has visto, si se siguen correctamente las indicaciones, la ilusión que se crea es sorprendente. Empieza con dos vasos que están boca abajo encima de la mesa. Eso lo tienes que recalcar, puesto que después, cuando aparece el batido de chocolate, la gente recuerda que los vasos estaban boca abajo y era imposible que en el interior hubiera ningún líquido porque, si no, este se hubiera vertido. Puedes sustituir el batido de chocolate por leche, un zumo de piña, de tomate o el que más te guste. Si sabes que a la persona a quien haces este juego de manos le gustan los batidos de chocolate, ten por seguro que el juego le encantará.

LOS AROS ENLAZADOS

Si os gusta la magia y habéis visto alguna vez un espectáculo de ilusionismo en directo, seguro que recordáis el juego clásico de los aros chinos: unos aros metálicos grandes que se enlazan y se desenlazan a voluntad del mago. Ching Ling Foo fue uno de los primeros ilusionistas en presentar este juego tal y como lo conocemos hoy en día.

Para hacer este juego hacen falta muchas horas de práctica, pero que no cunda el pánico, porque a continuación os enseñaré una forma fácil y eficaz de conseguir el mismo efecto.

EFECTO MÁGICO

Dos circulos separados que están dibujados en un servilleta y que, por arte de magia, se enlazan entre ellos. La servilleta de papel se puede regalar, si lo deseáis.

¿QUÉ NECESITAMOS?

- 2 servilletas de papel
- Naranjada
- Un plato hondo
- Un vaso de vidrio

¿CÓMO LO HACEMOS?

1 Pon un poco de naranjada en el plato hondo y moja la boca del vaso en la naranjada que hay en el plato; a continuación estampa dos circulos enlazados en la servilleta con la boca del vaso. El resultado es, como ves en el dibujo, dos circulos juntos de color naranja. Déjalos secarse unos segundos y dobla la servilleta un par de veces.

2 En el momento de hacer el truco tendrás este servilleta de papel preparada bajo el plato hondo, que todavía tendrá naranjada en el interior. Delante de los espectadores mojas la boca del vaso y estampas dos circulos separados en la otra servilleta, dejas secar unos segundos y doblas esta servilleta de la misma forma que la otra.

3 Con la excusa de que cojan el vaso de la mesa con el que has hecho la estampación de los dos circulos, la mano izquierda coge la servilleta doblada con los dos circulos separados y se junta con la otra mano, que aguanta el plato (con la servilleta preparada debajo). Por debajo del plato se cambian las servilletas y ahora debajo del plato —que puedes dejar encima de la mesa— está la servilleta con los circulos separados y, en la mesa, el de los enlazados. Solo hay que decir unas palabras mágicas y descubrirán que ahora los dos círculos están juntos.

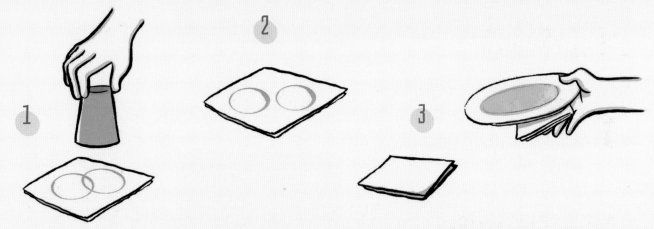

RECOMENDACIONES MÁGICAS:

El cambio de las servilletas bajo el plato se tiene que hacer de forma relajada y continua, en un solo movimiento: las dos manos se juntan por un momento y cambian las dos servilletas por debajo del plato. Una vez hecho, dejas el plato aparte y atraes la atención hacia la servilleta que está encima de la mesa.

UNA REACCIÓN QUÍMICA

¿Sabéis por qué el libro de matemáticas siempre está triste? ¡Pues porque tiene muchos problemas! En los juegos de magia algunas veces usamos las matemáticas, la física o la química para conseguir determinados efectos sorprendentes que nos ayudarán a que la nuestra magia sea diferente. El truco que veremos ahora, aunque parezca muy sencillo, si el público no conoce el secreto, no será capaz de reproducir vuestras acciones.

EFECTO MÁGICO

En un plato hondo, lleno de leche, espolvorearemos bastante pimienta por encima. Si un amigo vuestro toca el centro del plato con el dedo no pasará nada, pero si lo hacéis vosotros, gracias a vuestros poderes mágicos, toda la pimienta se desplazará rápidamente hacia los lados del plato. ¿Magia? No, ¡química!

¿QUÉ NECESITAMOS?

- Un plato hondo
- Leche
- Pimienta
- Jabón líquido para lavar platos

¿CÓMO LO HACEMOS?

1. Llena con la leche el plato hondo y después espolvoréalo por encima con bastante pimienta.

2. Invita a tus amigos a tocar el centro del plato, mojando su dedo en la leche y la pimienta: no pasará nada. En la punta de tu índice tendrás un poco de jabón líquido para lavar platos; si lo mojas en el centro de la leche verás que se produce una reacción química que desplaza toda la pimienta a los laterales del plato.

3. Si quieres que este juego de magia científica sea más visual, puedes sustituir la pimienta por colorante líquido vegetal. En este caso pones en el centro del plato con leche un chorrito de colorante líquido de distintos colores y, cuando los toques con el dedo o un palito limpiador de orejas (a modo de varita) con jabón, verás que no solo los colorantes se desplazan a los laterales del plato, sino que forman figuras de colores muy divertidas.

RECOMENDACIONES MÁGICAS:

Un consejo para que el juego sea más mágico y menos científico: hay diferentes colores de jabón líquido; el más habitual es el de color verde, pero yo te recomiendo que, para esta experiencia, uses el color amarillo, que pasará más desapercibido. Al comienzo pon el jabón líquido en un lado del plato que no sea visible para el público. Así podrán ver, al principio del juego, que en tus dedos no hay nada y, después de que ellos hayan puesto el dedo en el plato y no pase nada, tú acercas el plato hacia ti y, disimuladamente, impregnas el dedo de jabón y demuestras que tu dedo es capaz de desplazar la pimienta del plato de leche .

UNA SANDÍA CON FORMA DE HUEVO

Una de las cosas que diferencia el ilusionismo del resto de artes escénicas es el factor sorpresa. En un juego de magia no sabemos qué hará el mago con el objeto que nos presenta. Esta es una de las cualidades que hacen que la magia guste a todo tipo de público: adultos y pequeños.

El factor sorpresa es esencial en el juego que nos ocupa ahora. A partir de hoy, cuando os pregunten qué fue primero, el huevo o la gallina, vosotros podréis responder: ¡la sandía!

IMPORTANTE: Este juego lo tiene que preparar y hacer una persona adulta.

EFECTO MÁGICO

Todos hemos visto como una persona adulta parte una sandía por la mitad a la hora del postre, pero lo que nunca habéis visto es que, al partir la sandía, el contenido salga... ¡con forma de huevo!

¿QUÉ NECESITAMOS?

- 2 sandías (una tiene que ser algo más grande que la otra)
- Un cuchillo afilado
- Un estropajo

22

¿CÓMO LO HACEMOS?

1 Coge la sandía más pequeña y, con un cuchillo, saca toda la piel, como ves en el dibujo, y te quedará como un gran huevo de color rojo. Para que quede mejor la forma de huevo, puedes limarla con el estropajo para darle forma y después la limpias con agua.

2 Parte la otra sandía por la mitad y después vacía el contenido de cada mitad, el resultado será como si tuvieras dos cascarones vacíos.

3 Pon la sandía en forma de huevo dentro de las dos mitades de la sandía más grande (si no cabe, tendrás que hacerla más pequeña con el cuchillo y el estropajo) y ciérrala. En el momento de hacer el juego llevas la sandía a la mesa, haces como si la partieras por la mitad y llamas la atención sobre que su interior... ¡tiene forma de huevo!

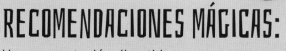

RECOMENDACIONES MÁGICAS:

Una presentación divertida es que en verano invitas a tus amigos a cenar y les pides que traigan una sandía grande para el postre. En el momento de comer la sandía vas a la cocina y coges la que tenías preparada, que también será grande. Todo el mundo se quedará sorprendido cuando simules partir la sandía «de tus amigos» y el interior tenga forma de huevo.

Y ADEMÁS...

Su contenido elevado en agua le confiere propiedades hidratantes, hasta el punto de que dos tajadas de sandía equivalen a un vaso de agua. El aporte calórico es muy bajo (30 kcal por cada 100 gramos de fruta) y contiene pocos hidratos de carbono y casi cero grasas. En cambio, la sandía es rica en vitaminas A, B, C, manganeso y potasio.

LA MANZANA DE LA SUERTE

Otra especialidad dentro del mundo de la magia son los juegos que se pueden hacer como *impromptu*, es decir, en cualquier momento. Muchos de ellos no necesitan mucha preparación, y podemos sorprender a nuestros amigos y familiares cuando tengamos la ocasión. El juego que veremos ahora es perfecto cuando tu fama de mago vaya en aumento y alguien te pregunte si le puedes hacer un juego de magia.

EFECTO MÁGICO

Encima de la mesa habrá en fila una serie de frutas que, por un proceso de eliminación entre tú y tu espectador, solo quedará una. La fruta que quede al final coincidirá con la foto que tenías en tu móvil o *tablet* desde el principio a modo de predicción.

¿QUÉ NECESITAMOS?

- 7 frutas
- Un teléfono móvil o una *tablet*

¿CÓMO LO HACEMOS?

1 Con la *tablet* o teléfono móvil haces una foto de una manzana.

2 Encima de la mesa tendrás la manzana y seis frutas más. El juego consiste en que tú señalas dos frutas y el espectador elimina una. Después, el espectador señala dos frutas y tú eliminas una. Así, sigues este procedimiento de eliminación hasta el final. Para que al final quede la manzana tienes que hacer eso: cuando tú señales dos frutas, nunca señales la manzana, y cuando el espectador señale dos frutas, nunca elimines la manzana si esta es una de las dos que señala.

3 Si usas este procedimiento empezando tú y sigues con el proceso explicado, al final quedarán dos frutas encima de la mesa (la manzana y otra) y puesto que te tocará eliminar a ti, eliminas la otra fruta. Solo hay que enseñar que tu predicción del móvil o *tablet* coincide con la fruta que ha quedado al final y te llevarás un puñado de aplausos.

RECOMENDACIONES MÁGICAS:

Este juego siempre sale con un número impar de objetos; puedes poner trece encima de la mesa y así será más espectacular. Pueden ser frutas, verduras, zumos..., lo que más te guste. Recuerda empezar tú señalando dos objetos (nunca el que has fotografiado) y, cuando te toque eliminar, nunca elimines el que has fotografiado.

Si quieres que sea más espectacular, envías por WhatsApp la foto del alimento a un amigo y le pides que no abra el mensaje hasta el final del juego... El resultado será alucinante.

UN PISTACHO DE IDA Y VUELTA

En el año 1986 el gran ilusionista americano David Copperfield atravesó de forma mágica la muralla china en su programa mágico de televisión. Hoy en día todavía se habla de esta gran proeza. De hecho, atravesar objetos utilizando la magia siempre sorprende a los espectadores. Para hacer este juego no necesitas viajar a China, desde tu casa podrás hacer una pequeña gran ilusión.

EFECTO MÁGICO

Un pistacho atravesará el fondo de un vaso de cristal de forma muy clara y visual.

¿QUÉ NECESITAMOS?

- 2 imanes iguales (uno engancha con el otro)
- Pistachos
- 2 vasos de tubo
- Cinta adhesiva
- Pegamento

¿CÓMO LO HACEMOS?

1 Coges un pistacho y lo abres con cuidado para sacar su contenido. Dentro del pistacho pondrás uno de los imanes y lo cerrarás con un poco de pegamento para que no se vea el imán. El otro imán, como indica el dibujo, te lo pones con un poco de cinta adhesiva en un dedo.

2 Encima de la mesa tienes unos cuantos pistachos y los dos vasos de tubo, uno encima del otro; como indica el dibujo, el pistacho con el imán está en el interior del vaso superior y se aguanta porque está en contacto con la mano en la que tenemos el imán con cinta adhesiva.

3 La mano izquierda se aproxima a los pistachos de encima de la mesa y simula coger uno, pero en realidad no coge nada y cierra la mano, que coloca encima del vaso superior y da un golpecito abriendo la mano izquierda (que se verá vacía) y, al mismo tiempo, la mano derecha se separa del vaso, dejando caer dentro el pistacho imantado.

4 La ilusión que hemos creado es que el pistacho ha atravesado el fondo del vaso transparente: sacas el vaso superior y enseñas que el pistacho ha caído en el otro vaso.

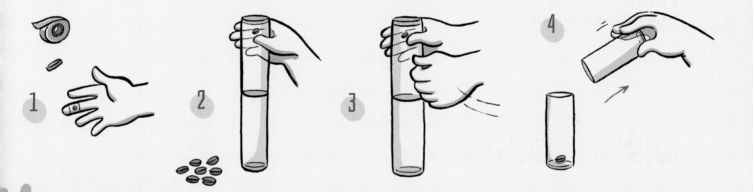

RECOMENDACIONES MÁGICAS:

Durante el juego debes procurar que no se vea el imán que tienes en un dedo de la mano derecha. Esta mano siempre tiene que estar de dorso al público, para que no perciban nada. La acción que te he explicado antes, de hacer que coges un pistacho con la mano izquierda (pero en realidad no coges nada), es más realista para los espectadores si tú mismo te crees que tienes un pistacho dentro de la mano. Ensaya varias veces y cuando te salga perfecto lo podrás presentar a tus amigos, que se quedarán boquiabiertos.

EL CARAMELO DESEADO

¿A quién no le gustan los caramelos? Hay tantos gustos, colores y formas que es muy difícil resistirse a comer solo uno... Por cierto, ¿sabéis qué le dice un caramelo a otro? No le dice nada, porque... ¡los caramelos no hablan! Tonterías aparte, el juego que os explicaré ahora es uno de los que el público recuerda durante mucho tiempo.

EFECTO MÁGICO

El caramelo que más le gusta a un espectador aparece en el interior de una bolsa de papel que muestra dibujado un gran interrogante. Si dice que le gustan los caramelos de menta, dentro la bolsa habrá un caramelo de menta.

¿QUÉ NECESITAMOS?

- Una bolsa de papel que tenga las medidas aproximadas de un folio de papel
- Tijeras
- Rotulador de color negro
- 10 caramelos de diferentes sabores (los más habituales)

¿CÓMO LO HACEMOS?

1 En un lado de la bolsa de papel dibuja un gran interrogante para darle más misterio al juego. En el otro lado de la bolsa haz diez pequeños cortes con las tijeras, como te indica el dibujo. Los cortes deben tener una longitud de 1,5 cm, más o menos.

2 En cada corte pones un caramelo de diferente sabor. Como aprecias en la ilustración, la mitad del caramelo está dentro de la bolsa y la otra mitad afuera. Es decir, si hacemos un poco de presión en el caramelo hacia abajo, este caerá dentro de la bolsa de papel.

3 Enseña la bolsa con el interrogante de cara al público y los caramelos quedan detrás y no se ven. Pregunta a una persona cuál es su caramelo preferido, cuando te lo diga localiza el caramelo y, con el dedo pulgar, haz presión para que caiga en el interior de la bolsa y, al mismo tiempo, mueve la bolsa con cuidado para que se escuche que hay algo dentro. Solo hay que girar la bolsa y, cuando cae el caramelo deseado, lo regalas.

RECOMENDACIONES MÁGICAS:

Al hacer este truco debes tener cuidado de que los caramelos que están detrás de la bolsa nunca los vea el público: te recomiendo aguantar la bolsa con las dos manos por los lados, así te será más fácil localizar el caramelo escogido (la columna izquierda o derecha), hacerlo caer dentro de la bolsa e, inmediatamente, sacudirla para que se escuche que hay algo dentro.

¿Y si no te dicen ninguno de los diez caramelos que tienes preparados en la bolsa? Una buena alternativa es preguntarle a otra persona cuál es su caramelo preferido.

En la magia usamos mucho el ingenio para crear juegos de manos sorprendentes que dejen alucinados a nuestros espectadores. La experiencia mágica que os explico ahora, aparte de tener un secreto muy ingenioso, tiene la gran ventaja de que podemos tener el juego preparado en nuestros bolsillos y hacerlo en cualquier momento.

EFECTO MÁGICO

Encima de la mesa hay cuatro caramelos de bola de diferente color. Elija el que elija vuestro espectador, vosotros siempre le podréis demostrar que ya sabíais antes qué caramelo escogería.

¿QUÉ NECESITAMOS?

- Una bolsa de caramelos pequeña
- 2 etiquetas blancas adhesivas
- Rotulador negro
- Un billete de 20 €

¿CÓMO LO HACEMOS?

1 En este juego cubrirás las cuatro posibilidades para que, sea cual sea el caramelo de bola que te elijan, siempre puedas demostrar que ya lo sabías antes.

Pon cuatro caramelos de bola encima de la mesa en este orden: rojo, naranja, amarillo y azul. El de color amarillo tiene una cruz dibujada por la cara que no se ve. Dentro de la bolsa de caramelos hay otro caramelo de color rojo y, en la parte de detrás de la bolsa, hay una etiqueta que dice «Escogerás el naranja». Finalmente, en la parte de detrás del billete de 20 €, hay una etiqueta donde pone «Escogerás el azul».

Vamos a ver las cuatro posibilidades:

1. Si te dicen el de color rojo: saca el otro caramelo del interior de la bolsa (solo hay uno) y dices que ya lo sabías.

2. Si te dicen el de color naranja: da la vuelta a la bolsa de caramelos y enseña el mensaje escrito.

3. Si te dicen el de color amarillo: da la vuelta a todos los caramelos y el amarillo es el único que tiene una cruz.

4. Si te dicen el de color azul: gira el billete de 20 € y enseña el mensaje escrito.

RECOMENDACIONES MÁGICAS:

Cuando presentes este juego puedes decir que has viajado al futuro y has hecho una predicción de una cosa que pasará; este comentario siempre hará gracia y la gente estará más pendiente de tu demostración. Después, pon todos los objetos encima de la mesa: la bolsa de caramelos, los cuatro caramelos y el billete de 20 €. Dices que el billete es la apuesta y que si la tu predicción no es correcta regalaras el dinero. Evidentemente, al tener cubiertas las cuatro posibilidades, el dinero siempre será para ti.

EL HUEVO EQUILIBRISTA

Si habéis ido alguna vez a ver un espectáculo de circo, seguro que habréis quedado boquiabiertos con los difíciles equilibrios y las habilidades que demuestran estos artistas. Si alguna vez habéis soñado con hacer un equilibrio casi imposible y que la gente quede deslumbrada, ahora tenéis la ocasión con este juego.

EFECTO MÁGICO

Un huevo de gallina quedará en equilibrio encima de una regla de plástico para medir.

¿QUÉ NECESITAMOS?

- Una regla de plástico
- Un plástico transparente de la misma medida que la regla
- Cinta adhesiva transparente
- Un huevo

¿CÓMO LO HACEMOS?

1 Engancha el plástico transparente a la parte inferior de la regla con la cinta adhesiva, el resultado será una especie de bisagra que abre y cierra.

2 Enseña la regla con el plástico plegado detrás (como si la bisagra estuviera cerrada) y sitúa el huevo encima de la regla como indica el dibujo.

3 Con la mano que aguanta la regla, abre un poco la bisagra formada por la regla y el plástico transparente, creando un carril para que el huevo se aguante. Si coges la regla por los extremos con una mano en cada extremo y lo mueves con cuidado de un lado a otro, verás que el huevo se desplaza por encima de la regla creando la sensación de un equilibrio casi imposible.

RECOMENDACIONES MÁGICAS:

Primero ensaya con una pelotita de plástico para controlar todos los movimientos. Recuerda que debes tener al público delante al hacer este truco, si están a tu lado podrían ver la bisagra que forma el plástico con la regla para aguantar el huevo.

Otra opción es comprar huevos de plástico que venden en algunas tiendas de juguetes y poner uno en una huevera de verdad con huevos reales. Cuando hagas el truco coges el huevo de plástico para hacer el experimento; más adelante, cuando tengas mucha práctica, lo puedes probar con huevos reales.

Por si no lo sabías, el huevo contiene vitamina A, encargada de conservar la piel en buen estado; vitamina B, y un alto contenido en minerales, entre los cuales podemos encontrar potasio, magnesio, calcio, hierro, fósforo..., así como también colina, para un correcto desarrollo cerebral; y luteína, para un correcto desarrollo visual.

UN FAQUIR A PRUEBA DE AGUJAS

Los faquires son las persones que sacan fuego por la boca (y no se queman), se clavan agujas (y no se hacen daño) y duermen en camas de clavos (y no les queda ninguna marca). Nosotros no podemos hacer ninguna de estas cosas tan peligrosas, pero sí que podemos realizar un divertido juego que tendrá como protagonista a un huevo muy valiente.

EFECTO MÁGICO

Unas cuantas agujas son clavadas en un huevo envuelto en un pañuelo y finalmente el huevo sale sin ningún tipo de agujero y totalmente entero.

¿QUÉ NECESITAMOS?

- Un pañuelo un poco grueso
- Hilo de pescar
- Esponja de baño
- Tijeras
- Un huevo
- Rotulador
- Agujas
- Hilos de colores
- Una magdalena
- Un vaso

¿CÓMO LO HACEMOS?

1. Recorta un trozo de la esponja de baño con las tijeras y dale forma para que se asemeje a un huevo. Después engancha un hilo al «huevo de esponja» y átalo al centro del pañuelo como ves en el dibujo.

2. Coge el huevo y dibújale una cara con el rotulador.

3. Las agujas estarán clavadas en la magdalena. En la cabeza de cada aguja, ata un trocito de lana de diferentes colores para que sea más visual. Coge el huevo y ponlo dentro del pañuelo debajo del «huevo de esponja». La mano que aguanta el pañuelo por debajo del huevo falso sujeta el huevo de verdad, así que no hagas mucha presión. Clava todas las agujas en el huevo de esponja y enseña el resultado.

4. Saca las agujas del huevo de esponja y, a continuación, saca el huevo real de dentro del pañuelo; lo puedes dar a examinar y después romperlo en un vaso para que se demuestre que es de verdad.

RECOMENDACIONES MÁGICAS:

Al comienzo, puesto que el huevo de esponja está atado en el centro del pañuelo con un hilo, puedes abrir todo el pañuelo y mostrarlo al público por la parte de delante (el huevo quedará detrás y solo lo verás tú). Puede ser muy divertido que diferentes personas dibujen una cara en el huevo de verdad: uno dibuja los ojos, el otro la boca... El resultado puede ser una obra de arte o un monstruo, ¡nunca se sabe! Cuando claves las agujas en el huevo de esponja, hazlo despacio y de forma dramática. Recuerda que el huevo hace el papel de faquir y un huevo es un alimento que, como todo el mundo sabe, es muy frágil.

YOGUR CAMALEÓN

Me hace mucha ilusión compartir en este libro el siguiente juego. Le tengo un cariño especial porque fue el primer juego de magia que inventé, cuando tenía ocho años. La primera vez que lo hice, en la sobremesa de una comida familiar, todo el mundo quedó sorprendido.

Vosotros también podéis inventar juegos de magia: tenéis que dejar volar la imaginación, empezar a investigar con los elementos que tenéis en casa y a buen seguro también inventaréis algún truco para dejar sorprendida a vuestra familia.

EFECTO MÁGICO

Un yogur de piña se tapa con un servilleta de tela y, en unos instantes, se transforma en un yogur de limón.

¿QUÉ NECESITAMOS?

- Un yogur de piña
- Un yogur de limón
- Tijeras
- Cinta adhesiva
- Cartulinas de colores
- Un servilleta de tela

¿CÓMO LO HACEMOS?

1 Después de comerte un yogur de piña, recorta la parte superior y la inferior de forma que te quede solo la etiqueta como si fuera un cilindro. Le añadirás un poco de cartulina del mismo color para que el tubo quede un poco más grande que un yogur normal. Acabas de construir una funda que te permitirá cubrir cualquier yogur de la misma marca.

2 Pon la funda en el yogur de limón y dará la sensación de que es de piña (la funda tiene que poder entrar y salir con mucha facilidad).

3 Encima de la tapa del yogur pones la servilleta plegada (así no se verá que la tapa es diferente).

4 Deja el yogur encima de la mesa, cerca del borde de la mesa y tu regazo, despliega la servilleta y cubre totalmente el yogur. A continuación, con tu mano derecha, coges el yogur por la parte superior con los dedos y lo arrastras en dirección hacia ti. Esta acción provocará que la funda de piña caiga en tu regazo. En este instante, tu mano derecha levanta un poco al aire el yogur cubierto por la servilleta, la mano izquierda se pone por debajo de la servilleta, aguantando el yogur por la base, y la mano derecha retira la servilleta para demostrar que el yogur... ¡ha cambiado de sabor!

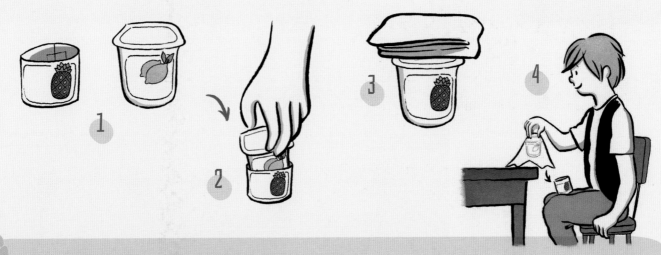

RECOMENDACIONES MÁGICAS:

Este juego funciona muy bien si llegas a la mesa con el yogur y la servilleta encima y te sitúas en un lugar de la mesa en el que no haya nadie muy cerca a tus lados. Una vez hayas hecho el cambio del color del yogur, dejas la servilleta encima de la funda y así nadie la verá.

BRETZEL INSEPARABLE

Un bretzel es un tipo de galleta hecha al horno con forma de lazo. Está hecho de harina de trigo con levadura, leche y mantequilla; la masa se moja en una disolución de hidróxido de sodio (sosa cáustica) o bicarbonato de sodio al 3% antes de ir al horno. Usualmente es salado, pero también se hacen dulces, aromatizados con canela o vainilla. Algunas recetas regionales agregan un huevo y ralladura de limón. Básicamente existen dos categorías: los bretzels de galleta y los bretzels de pan tierno. El segundo tipo puede ser preparado con una gran variedad de gustos, que incluyen almendra, ajo, etcétera.

Para hacer el siguiente juego tendréis que preparar algunas galletas bretzel en casa, ya veréis que es muy divertido.

EFECTO MÁGICO

Una galleta bretzel se pone en el interior de una copa y se cubre con un pañuelo, después de decir las palabras mágicas se retira el pañuelo y la galleta aparece enlazada de forma imposible al tallo de la copa.

¿QUÉ NECESITAMOS?

- Un plato con galletas bretzel
- Una copa de vidrio
- Un pañuelo un poco grueso

¿CÓMO LO HACEMOS?

1 Coge una galleta bretzel, rompe uno de sus lazos con cuidado y enlázala al tallo de la copa. Pon un poco de agua en las puntas del trozo que has roto, vuelve a juntar la galleta y te quedará como en el dibujo.

2 Tapa la base de la copa con el pañuelo para que no se vea la galleta enlazada. Ofrece a una persona escoger una galleta del plato y colócala en el interior de la copa.

3 Cubre toda la copa con el pañuelo (con cuidado que no es vea la galleta enlazada) y, después de decir tus palabras mágicas preferidas, con los dedos de la mano derecha te llevas el pañuelo, con la galleta de dentro de la copa oculta en él, y quedará a la vista la galleta enlazada en el tallo de la copa.

RECOMENDACIONES MÁGICAS:

Después de hacer el juego deja el pañuelo aparte para que nadie lo pueda coger y enseña que la galleta bretzel está enlazada con la copa. A continuación simulas romper la galleta, justamente por el mismo punto por donde lo habías hecho antes, y de final te puedes comer el bretzel mientras tus amigos siguen flipando después de presenciar este enlace imposible.

GALLETA ROTA Y RECOMPUESTA

Una de las cosas más divertidas de la magia es que podemos cambiar los objetos que se utilizan en un truco y, haciendo algunas pequeñas modificaciones, tendremos un juego de magia completamente nuevo. El que veréis a continuación está basado en un truco de un mago que se llamaba Tony Slydini; este prestidigitador hacía verdaderas maravillas que incluso sorprendían a los propios magos.

EFECTO MÁGICO

Una galleta se rompe por la mitad y se ven las dos partes de la galleta separadas, se juntan las manos y, al abrirlas, la galleta aparece entera.

¿QUÉ NECESITAMOS?

- Galletas cuadradas
- Un plato

¿CÓMO LO HACEMOS?

1 Previamente y sin que te vean, rompe media galleta y te la guardas en la mano derecha. La mitad que sobra te la puedes comer. Llamas la atención sobre el plato de galletas y coges una con la mano izquierda, después la mano derecha (con la media galleta oculta) se aproxima con intención de romper por la mitad la galleta de la mano izquierda.

2 Las dos manos se juntan haciendo la acción de romper la galleta e, inmediatamente, la mano derecha enseña la mitad de galleta que tenía escondida y la mano izquierda cubre con los dedos la mitad de la galleta que aguanta.

3 Deja la mitad de la galleta de la mano derecha al lado de la mesa para que se vea claramente y, con los dedos de la mano derecha, la arrastras hacia ti, dejándola caer en tu regazo. Cuando esto sucede, cierras la mano derecha para que la gente piense que la media galleta está en tu mano derecha.

4 Solo te hace falta juntar las dos manos, frotarlas un poco y, al abrirlas, se verá una galleta entera y todo el mundo pensará que las dos mitades se han juntado.

RECOMENDACIONES MÁGICAS:

Dependiendo de la medida de tu mano y de tus dedos, busca un tipo de galleta cuadrada de la que puedas esconder una de sus mitades en la mano derecha y no se te vea. Cuando tienes un objeto oculto en la mano tienes que pensar como si no estuviera y actuar con naturalidad.

Además, la acción de simular romper la galleta ha de ser creíble. Recuerda que, en la magia, la parte actoral es muy importante para que la ilusión que queremos crear sea convincente.

PALITO DE PAN QUE SE COME SOLO

Hay juegos de magia que sirven de enlace entre dos juegos más elaborados. Os presento un gag mágico —o broma mágica— perfecto para hacer en cualquier momento y que es ideal como preludio de un juego más largo. Siempre que lo realizo provoca una sonrisa en la gente, con lo cual es perfecto para romper el hielo en una actuación mágica de sobremesa.

EFECTO MÁGICO

Un palito de pan que acabamos de sacar de la bolsa se enseña por todos los lados para comprobar que está entero. Con la boca hacemos la acción de comer y, cuando todo el mundo vuelve a mirar el palito, este tiene un mordisco. ¿Quién ha sido? ¿Un fantasma?

¿QUÉ NECESITAMOS?

- Una bolsa de palitos de pan
- Kétchup
- Un cuchillo

¿CÓMO LO HACEMOS?

1 Coge un palito de pan de su bolsa que sea entero. Con un cuchillo y con cuidado de que no se rompa el pan, haces una muesca imitando un mordisco en un lado del centro, después pon un poco de kétchup y guarda el palito en la bolsa con la parte entera hacia arriba.

2 Después de comer patatas fritas con kétchup con tus amigos o familiares, saca la bolsa de palitos y coge el palito preparado de forma que la parte con la zona mordida quede escondida y la parte entera a la vista. Cógelo como indica el dibujo.

3 Dos acciones pasan simultáneamente: la mano se gira de dorso y el dedo pulgar hace rodar el palito de forma que queda a la vista la parte entera del palito otra vez. Si vuelves a girar la mano y rodar el dedo, te vuelve a quedar la parte entera arriba. Es un efecto óptico que parece que enseñes el palito por los dos lados, pero siempre lo muestras por el mismo lado. Solo te queda hacer la mímica de masticar algo y, al mismo tiempo, haces rodar el palito para que la parte mordida quede a la vista. Llama la atención sobre el palito y la gente, cuando vea el mordisco, se quedará sorprendida.

RECOMENDACIONES MÁGICAS:

Poner un poco de kétchup en el mordisco del palito refuerza la ilusión que queremos crear: si después de comer patatas con kétchup comes un palillo, sería normal que este después tuviera un poco de kétchup.

El movimiento de enseñar el palito por ambos lados, pero en realidad enseñar siempre el mismo lado, no es difícil, necesita un poco de práctica: cuando lo tengas dominado y estés seguro de hacerlo, lo puedes presentar en público.

LA LUNA Y EL DRAGÓN

Una de los grandes ventajas que tiene hacer magia con alimentos es que durante el juego de magia tienes la excusa perfecta para tomar un bocado mientras demuestras tus habilidades mágicas. En este caso el bocado será una galleta de chocolate con crema de vainilla... Sí, ya sé que se te hace la boca agua solo de imaginarte comiendo la galleta..., pero primer veremos cómo funciona este original truco.

EFECTO MÁGICO

Una galleta Oreo clásica se abre por la mitad y el mago se come la crema de vainilla de su interior, quedando como resultado las dos partes de chocolate sin crema. Después de juntarlas de nuevo, al abrirlas, su interior ¡vuelve a estar lleno de crema de vainilla!

¿QUÉ NECESITAMOS?

- Un plato con galletas Oreo clásicas

¿CÓMO LO HACEMOS?

1 Coge una galleta Oreo y ábrela por la mitad, te quedará una parte con crema y otra parte sin. Después coge otra galleta y haces la misma operación de abrirla, pero esta vez te comes la mitad que no tiene crema. Junta despacio la primera galleta y déjala en el plato, mientras que la media galleta con crema estará encima de tu pierna (tú estás sentado).

2 Coge la galleta preparada y ábrela enseñando que toda la crema está en una mitad de la galleta de chocolate y la otra mitad no tiene crema. Dices que te comerás la crema.

3 Mientras te comes la crema, la mano derecha baja a la altura de tu regazo y cambia la tapa de chocolate de la galleta que no tiene crema por la tapa que tiene crema.

4 Después de comerte la crema, junta las dos tapas de chocolate sin que se vea que una de ellas está llena de crema. Junta las dos manos y gíralas para que la tapa de la galleta sin crema quede arriba y abre las dos tapas de la galleta para mostrar que su interior vuelve a estar lleno de crema.

RECOMENDACIONES MÁGICAS:

Como en otros juegos, tienes que estar sentado y tener una mesa delante que te permitirá hacer el cambio de la tapa de galleta. Recuerda que no debes tener público muy cerca, porque vería como haces el cambio. Cuando hago este juego explico la historia del dragón que se quería comer la luna: yo simbolizo el dragón y la parte blanca de la crema de dentro de la galleta es la luna llena. Primero me como la crema de manera que quede la forma de media luna y finalmente me como toda la crema. Finalizo la historia explicando que, gracias a la magia, la luna volvió a aparecer.

UN *CUPCAKE* CON SORPRESA

Hacer magia con dinero siempre despierta el interés de todo el mundo. Si el dinero que utilizáis no es el vuestro, sino que os lo ha dejado alguien, la experiencia todavía será más interesante. Como ya sabéis, el dinero no da la felicidad, pero sí muchas alegrías. Vamos a ver este viaje imposible de una moneda de un espectador.

EFECTO MÁGICO

Una moneda firmada por un espectador desaparece de dentro del pañuelo que aguanta en sus manos para viajar al interior de un *cupcake* que está encima de la mesa desde el comienzo.

¿QUÉ NECESITAMOS?

- 3 *cupcakes* en un plato
- Un cuchillo
- Un rotulador permanente
- Un pañuelo de tela
- Una moneda
- Hilo de coser y aguja

¿CÓMO LO HACEMOS?

1 Una persona adulta te coserá la moneda en un extremo del pañuelo de tela, doblando una de sus puntas. Coge un cuchillo y, con cuidado, realiza una pequeña muesca en la parte inferior de un *cupcake* que te permita poner una moneda dentro. Pon los tres *cupcakes* en un plato y fuera de la vista del público (recuerda que el que tiene la muesca está boca abajo).

2 Pide una moneda y, una vez la hayan firmado, ponla dentro del pañuelo preparado, de tal manera que la moneda del espectador quede escondida en tu mano y la moneda cosida, en el centro del pañuelo que aguantará el espectador.

3 Mientras aguanta el pañuelo, sacas la mano con la moneda marcada oculta y, al coger los *cupcakes*, la pones dentro de la muesca y giras este *cupcake* boca arriba como el resto. Regalas al público los dos *cupcakes* normales y dejas en el plato el que tiene la moneda dentro. Solo hace falta que tires del pañuelo que aguanta el espectador y lo sacudas para demostrar que la moneda ha desaparecido. Abres el *cupcake* de encima del plato para enseñar que la moneda firmada está en su interior.

RECOMENDACIONES MÁGICAS:

En este juego tienes que pedir una moneda del mismo valor que la que tienes cosida en el pañuelo, así tendrá el mismo tacto cuando el espectador la sujete a través de la tela del pañuelo. Los *cupcakes*, los tendrás tapados por un servilleta de tela y así te será fácil introducir la moneda firmada sin que te vean. Para terminar, cuando desaparece la moneda de dentro del pañuelo, tienes que enseñar tus manos vacías y después abrir el *cupcake*. La parte más divertida es que, al abrirlo por la mitad, destruirás les pruebas (la muesca que habías hecho al preparar el juego).

TRES SOBRES DE AZÚCAR CON PERSONALIDAD

El juego que leerás a continuación está basado en un antiguo truco que se hacía con tres cartas. En este caso hemos cambiado los naipes por sobres de azúcar, que podemos pedir en una cafetería cuando vayamos a merendar en familia.

EFECTO MÁGICO

En cada sobre de azúcar de los tres que están encima de la mesa hay escrito el nombre de una persona. Con el mago de espaldas, un voluntario escoge uno y, después de mezclarse los sobres de azúcar, el mago es capaz de adivinar el que fue escogido.

¿QUÉ NECESITAMOS?

- Un plato con varios sobres de azúcar
- Un rotulador permanente

¿CÓMO LO HACEMOS?

1. Da a escoger tres sobres de azúcar del plato a un espectador.

2. Por una cara de los sobres escribe tres nombres de persona diferentes (escribe tu nombre en el sobre del medio). Ahora te giras de espaldas y una persona elige uno de los sobres y los otros dos los intercambia de lugar; una vez lo ha hecho, el voluntario da la vuelta a los tres sobres para que no veas los nombres escritos.

Para acertar qué sobre han escogido haz lo siguiente: recuerda que el del medio era el que tenía tu nombre; cuando el espectador ha hecho todas las operaciones y tú te giras, mezcla los sobres sin perder de vista el que estaba en medio. Mira el nombre y, si en este sobre está escrito tu nombre, es el sobre escogido. Si no lleva tu nombre, el sobre escogido será uno de los dos que quedan en la mesa, concretamente el que no tenga escrito tu nombre. Pruébalo varias veces, verás que es muy fácil y divertido.

RECOMENDACIONES MÁGICAS:

Esta demostración mágica es muy adecuada cuando celebras un aniversario en una cafetería o restaurante. Puedes pedir todo el material y hacer este divertido truco de forma improvisada. Cuando hayas adivinado el sobre escogido, puedes acabar con la siguiente broma: pregunta a la gente si sabe por qué los sobres de azúcar primero se agitan y después se abren. Responde inmediatamente que si primero se abren y después se agitan, todo el azúcar se esparce por todas partes; al decir estas palabras, primero has abierto el sobre y después lo has esparcido y todo el mundo habrá quedado lleno de azúcar, provocando un dulce final. Si alguien te pregunta, no digas que esta broma la has aprendido de Mag Gerard...

ESTE TRUCO NO ES UNA LATA

La carbonatación es una reacción química en la cual el hidróxido de calcio reacciona con el dióxido de carbono y forma carbonato de calcio insoluble. La carbonatación, en la vida cotidiana, se refiere a la disolución de dióxido de carbono en una solución acuosa. El proceso normalmente implica altas presiones de dióxido de carbono. Cuando esta presión se baja, el dióxido de carbono se libera de la solución en forma de burbujas, las mismas que se producen al abrir una lata de refresco después de agitarla. Con este juego seréis capaces de desafiar la química.

EFECTO MÁGICO

Una lata de refresco es agitada bruscamente y se deja encima de la mesa. Al lado hay una lata sin agitar. Después de unos pasos mágicos, al abrir la lata agitada, no sucede nada, pero si abrimos la lata que no hemos agitado, el líquido saldrá disparado, derramándose y produciendo una mágica transposición de líquidos.

¿QUÉ NECESITAMOS?

- 2 latas de refresco
- Etiquetas blancas adhesivas
- Rotulador permanente

¿CÓMO LO HACEMOS?

1. Entrega dos latas de refresco a una persona.

2. Dile que deje una encima de la mesa y que agite la otra bruscamente.

3. A la lata agitada, la persona le pone una etiqueta con su nombre. Deja pasar unos 30 segundos entre que la persona agita la lata y le pone la etiqueta. Ahora, puedes abrir esta lata y no te salpicarás.

4. Abre la otra lata, que está encima de la mesa, y, al abrirla, presiona un poco hacia dentro con la mano que la sujeta y el líquido saldrá disparado, derramándose.

RECOMENDACIONES MÁGICAS:

Como has comprobado, en este juego de magia intervienen dos secretos: el primero es esperar 30 segundos antes de abrir la lata agitada y el segundo es apretar hacia dentro un poco con los dedos la otra lata al abrirla (estas dos acciones se tienen que hacer coordinadas) para que salga el líquido disparado. Ensaya en tu casa con diferentes latas para controlar el tiempo y las acciones que tienes que hacer. Así, tendrás un juego muy efectivo para incluir en tu repertorio.

Si usas latas con bebidas isotónicas sin sabor, no mancharás tu ropa ni la del público, cosa que siempre es de agradecer.

LA ROSQUILLA EVASIVA

La rosquilla es un pastel pequeño hecho a base de huevos y de azúcar u otra pasta, en forma de rosca. Se trata de un tipo de pastel conocido con variantes en todo el mundo y especialmente extendido en nuestro país. A veces se recubre de azúcar o chocolate, ofreciendo varios colores y medidas. Con este delicioso postre demostraréis un escapismo sorprendente, al estilo del famoso escapista Harry Houdini.

EFECTO MÁGICO

Un cordón de zapato se pasa a través del agujero de una rosquilla, se cubre todo con un pañuelo, dejando los extremos a la vista y, al retirar el pañuelo, se verá que la rosquilla se ha liberado del cordón.

¿QUÉ NECESITAMOS?

- Dos rosquillas
- Un cordón de zapato
- Un pañuelo de tela grueso

¿CÓMO LO HACEMOS?

1 Pasa el cordón a través del agujero de la rosquilla y déjalo encima de la mesa. Coge el pañuelo con la otra rosquilla escondida en tu mano derecha y tapa todo el conjunto de encima de la mesa.

2 Bajo el pañuelo, deja la rosquilla oculta de tu mano junto al cordón y rompe en dos partes la rosquilla que está enlazada con el cordón.

3 Retira el pañuelo con los dos trozos de rosquilla ocultos en tu mano y deja a la vista, sobre la mesa, la rosquilla entera, que está liberada del cordón.

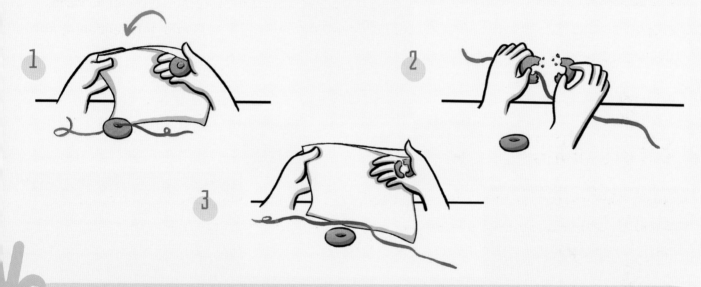

RECOMENDACIONES MÁGICAS:

Si las rosquillas las preparas en casa con la ayuda de tus padres o familiares adultos podrás hacerlas a medida para que las puedas esconder en tus manos sin problemas en el momento de hacer el juego. En la fase final del juego, al retirar el pañuelo, déjalo en un lugar donde la gente no pueda examinarlo y descubrir que en su interior hay una rosquilla rota.

Tienes que practicar los movimientos varias veces para que la secuencia sea lógica, sin pausas y con movimientos naturales. Como decía un gran maestro mundial de la magia llamado Dai Vernon (conocido con el apodo del «Profesor»): sé natural en tus movimientos en el momento de hacer el truco y nadie sospechará nada. ¡Suerte!

EL PANECILLO Y LA CARTA

Cuando un objeto desaparece y viaja a un lugar imposible siempre causa una gran expectación; lo más interesante es que el objeto aparezca en un lugar que la gente no se espera, con lo que la reacción de sorpresa por parte del público será mayor.

EFECTO MÁGICO

Una carta escogida por un espectador por un procedimiento al azar aparece en el interior de un panecillo.

¿QUÉ NECESITAMOS?

- Tres panecillos
- Un plato
- Un cuchillo
- Una baraja de cartas

¿CÓMO LO HACEMOS?

1. Haz una muesca en la parte de detrás de un panecillo. Coge el rey de corazones de la baraja y dóblalo de forma que puedas ponerlo dentro del pan.

2. Pon la carta dentro del panecillo y este en un plato con la parte de la carta hacia abajo para que nadie la vea. Coge la baraja y coloca un rey y una carta de corazones como superiores, con la baraja de dorso.

3. Pon dos panecillos más en el plato. Entrega la baraja de dorso a una persona y dile que ponga cartas, una a una, de dorso, en la mesa hasta que decida pararse. Después, esta persona coge estas cartas de la mesa y las reparte en dos pilas. Di que «construirás» una carta: da la vuelta a la carta superior de cada pila y se verá un rey (que simboliza el valor de la carta) y una carta de corazones (que simboliza el palo de la carta): «El resultado —dices— es el rey de corazones».

4. Recoge todas las cartas y dalas a mezclar, después chasquea los dedos encima de la baraja y pide que busquen el rey de corazones, reparte los dos panecillos normales y quédate el panecillo preparado, rómpelo por la mitad y muestra que en su interior... ¡está la carta escogida!

RECOMENDACIONES MÁGICAS:

Como has visto, el método es muy ingenioso porque, para hacer viajar una carta, no usas una carta duplicada, sino que, con la excusa de «construir» una carta de la baraja al azar, la carta escogida desde el comienzo no estará en la baraja sino en el panecillo.

Al principio puedes mezclar las cartas un poco, sin que pierdas el control de las dos de arriba, y seguir con el juego como te he explicado.

IDEAS MÁGICAS

En este apartado he recogido una serie de ideas mágicas que pueden complementar algunos de los juegos de magia explicados en este libro, o servir de enlace entre dos efectos mágicos de los muchos que se encuentran en este manual.

EL GAG DE LA TAZA

1. Coge una cucharita que no pase por el asa de una taza pequeña de café y quede trabada por la parte ancha. Una vez hayas pasado la cuchara por el asa de la taza vacía, déjala encima del plato de la taza.

2. Ya estás a punto para hacer una broma mágica a tus amigos cuando vengan a tu casa: saca la taza preparada y, al acercarte a un amigo, haces como si tropezaras y, aguantando con la mano el plato y el mango de la cucharita, giras la mano de repente para que caiga la taza encima de tu amigo, esta se girará por la cucharita y quedará colgando. El susto de tu amigo será considerable. Si pones confeti de color blanco dentro de la taza, el final será más espectacular.

LA ESCRITURA MISTERIOSA ∿∿∿

1. Escribe con un lápiz blanco de cera una palabra que quieras decir a otra persona en un servilleta de papel blanco: «Love», «Felicidades», «Felices Navidades»... Pon la servilleta encima de un plato y deja encima una taza con una infusión.

   Si coges la infusión y con esta mojas la servilleta como si pintaras por encima, se revelará de forma visual el mensaje que habías escrito. Esta es una forma original de revelar una carta, un número o cualquier mensaje que queramos transmitir.

TRANSFORMACIÓN DE AGUA EN HIELO ∿∿∿

1. Coge una botella de plástico llena de agua y ponla en el congelador durante cinco o seis horas, después sácala del congelador y, cogiéndola por la parte superior del cuello, dale un golpe seco sobre la mesa, verás que rápidamente y visiblemente el agua se transforma en hielo. Esta reacción se debe a que, en la parte superior, se crean burbujas finas y, al entrar en contacto con las moléculas de agua, generan microcristalizaciones que van aumentando exponencialmente hasta que se propagan por toda la botella.

MUCHO MÁS QUE UN PASTEL

La mejor manera de acabar este libro dedicado a hacer juegos de magia con alimentos es preparar un pastel de chocolate que sea mágico. En este mismo manual, en los juegos «La escritura misteriosa» y «Un panecillo con sorpresa», explicaba dos métodos para que un espectador escoja una carta de la baraja que nosotros ya sabíamos cuál será.

Con este secreto puedes decorar un pastel de chocolate en el que haya dibujada la carta que después escogerá una persona. Imagina la situación: en tu casa, en el momento del postre de una comida, anuncias que antes de sacar el pastel harás un juego de magia; das a escoger una carta de la baraja (por uno de los dos métodos explicados) e inmediatamente dices a la persona que ha cogido la carta que vaya a la cocina a buscar el pastel. ¡Cuál será su sorpresa cuando vea que en el pastel está dibujada su carta!

INGREDIENTES

- 4 huevos
- 4 cucharadas soperas de harina
- 4 cucharadas soperas de azúcar
- 1/2 sobre de levadura
- 1 tableta de chocolate para cocinar
- 250 gramos de mantequilla
- Para el almíbar: agua y azúcar
- Para el relleno: mermelada de fresas

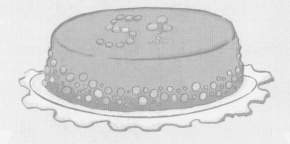

PREPARACIÓN

Deshaz la mitad de la mantequilla y la mitad del chocolate en el microondas hasta que quede una crema fina. En un bol grande, bate los huevos y el azúcar hasta que la mezcla blanquee. Añade la mezcla de mantequilla y chocolate e intégralo. Añade la harina y la levadura tamizada e intégralo suavemente (de abajo hacia arriba).

Vierte la masa en un molde de unos 18 cm, engrasado, e introdúcelo en el horno precalentado a 180° durante unos 25 minutos. Comprueba que esté bien cocido clavando una aguja: si esta sale limpia es que está en su punto y, si sale sucia, lo dejas algo más de tiempo.

Prepara el almíbar poniendo medio vaso de agua y medio vaso de azúcar en un cazo y metiéndolo en el fuego hasta que empiece a hervir. Entonces lo retiras y lo dejas atemperar. Una vez el pastel se haya enfriado, pártelo por la mitad y mójalo con el almíbar con la ayuda de un pincel. Extiende una capa de mermelada por encima y vuelve a montar el bizcocho con la capa superior.

Para hacer la cobertura, hace falta que deshagas el resto de mantequilla y chocolate y lo tires por encima del pastel. Finalmente, decora el pastel con la forma de la carta utilizando Lacasitos, gominolas o bolitas de azúcar.

Primera edición: enero del 2017

© del texto: Mag Gerard

© de los dibujos: Raquel Garcia Ulldemolins

© de la edición: 9 Grupo Editorial / Lectio Ediciones
C/ Muntaner, 200, ático 8a – 08036 Barcelona. Tel. 977 60 25 91 – 93 363 08 23
lectio@lectio.es – www.lectio.es

Disseño y composición: Imatge-9, SL

Impresión: Leitzaran Grafikak

ISBN: 978-84-16012-94-7

DL T 3-2017

31901062714516